小跳豆 Jumping Bean 幼兒生活安全故事系列

我不爬窗

U0111518

新雅文化事業有限公司
www.sunya.com.hk

小跳豆
幼兒生活安全故事系列

跟着跳跳豆和糖糖豆一起注意安全守則!

幼兒在成長的過程中,喜歡到處探索,喜歡用眼睛看世界。他們必會對各種事物都充滿好奇,但同時毫無防備,往往做出一些危險的行為,例如爬窗、玩火、在馬路上亂跑、玩自動門等。為避免幼兒發生意外和受傷,家長可以結合幼兒的生活進行安全教育,提高孩子的自我保護意識和能力。

《小跳豆幼兒生活安全故事系列》共 6 冊,透過跳跳豆和糖糖豆的日常生活經歷,指導幼兒要注意安全,不要爬窗、不亂放玩具、不亂進廚房、小心玩水、小心過馬路和不要玩自動門等等。

書後設有「親子小遊戲」,以有趣的形式幫助孩子認識各種安全守則。「安全評分區」讓孩子給自己的日常表現評評分,鼓勵他們自我檢測一下自己的安全意識和能力。

新雅・點讀樂園 **升級功能**

讓親子閱讀更有趣！

　　本系列屬「新雅點讀樂園」產品之一，若配備新雅點讀筆，爸媽和孩子可以使用全書的點讀和錄音功能，聆聽粵語朗讀故事、粵語講故事和普通話朗讀故事，亦能點選圖中的角色，聆聽對白，生動地演繹出每個故事，讓孩子隨着聲音，進入豐富多彩的故事世界，而且更可錄下爸媽和孩子的聲音來説故事，增添親子閱讀的趣味！

　　「新雅點讀樂園」產品包括語文學習類、親子故事和知識類等圖書，種類豐富，旨在透過聲音和互動功能帶動孩子學習，提升他們的學習動機與趣味！

想了解更多新雅的點讀產品，請瀏覽新雅網頁（www.sunya.com.hk）或掃描右邊的QR code進入 新雅・點讀樂園 。

如何使用新雅點讀筆閱讀故事？

1. 下載本故事系列的點讀筆檔案

1. 瀏覽新雅網頁(www.sunya.com.hk) 或掃描右邊的QR code 進入  。

2. 點選 下載點讀筆檔案 ▶ 。

3. 依照下載區的步驟說明，點選及下載《小跳豆幼兒生活安全故事系列》的點讀筆檔案至電腦，並複製至新雅點讀筆的「BOOKS」資料夾內。

2. 啟動點讀功能

開啟點讀筆後，請點選封面右上角的 圖示，然後便可翻開書本，點選書本上的故事文字或圖畫，點讀筆便會播放相應的內容。

3. 選擇語言

如想切換播放語言，請點選內頁右上角的 粵 ☆ 普 圖示，當再次點選內頁時，點讀筆便會使用所選的語言播放點選的內容。

4.播放整個故事

如想播放整個故事，請直接點選以下圖示：

5.製作獨一無二的點讀故事書

爸媽和孩子可以各自點選以下圖示，錄下自己的聲音來說故事！

1 先點選圖示上 爸媽錄音 或 孩子錄音 的位置，再點 OK，便可錄音。

2 完成錄音後，請再次點選 OK，停止錄音。

3 最後點選 ▶ 的位置，便可播放錄音了！

4 如想再次錄音，請重複以上步驟。注意每次只保留最後一次的錄音。

爸媽請使用
這個圖示錄音

孩子請使用
這個圖示錄音

聖誕節快到了！
爸爸買了聖誕禮物送給
跳跳豆和糖糖豆，
還有一棵小小的、
漂亮的聖誕樹。
爸爸把它放到窗前。

有一天，
跳跳豆和糖糖豆正玩得高興，
忽然跳跳豆看見聖誕樹上
有一個星星裝飾，
心想：「這顆星星真好看，
如果把它掛在窗邊會不會更好看呢？」

於是，跳跳豆跑過去，
想從聖誕樹上取下星星。

糖糖豆對跳跳豆說：
「小心啊！別弄傷。」
跳跳豆回答說：
「我知道了！」

接着，
跳跳豆拿來了一張小椅子，
放在聖誕樹旁。

跳跳豆想把聖誕樹上的星星拿下來，
然後放在窗子上，
就好像星星高掛在天空。
可是他不夠高，
便想要站到椅子上去。

這時候，
一陣香氣從廚房傳來。
糖糖豆好奇地走到廚房那邊去。

糖糖豆在廚房門外，
看見媽媽正在烤餅乾。
「真香啊！」糖糖豆説。

「哇！」
突然，媽媽和糖糖豆
聽到跳跳豆的叫聲。
她們立刻走到客廳去。

原來，跳跳豆攀到窗邊，
想把星星掛起來，
卻不小心把手中的星星掉出窗外！
跳跳豆驚慌得差點兒從椅子上掉下來。

幸好，跳跳豆沒有受傷。
「你沒事就好，
但是你這樣做實在太危險了！」
媽媽緊張地擁着跳跳豆說：
「如果你不小心，
掉出窗外，那會怎麼樣？」

媽媽還說：
「而且物件掉出窗外，
也有可能會對行人造成傷害。
記住不要攀爬窗子，
也不要在打開的窗子旁玩耍。」
跳跳豆和糖糖豆聽了，回答說：
「我們記住了，媽媽。」

親子小遊戲

跳跳豆想拿下聖誕樹上的星星，看看下面的圖畫，他做錯了什麼？說說看。

小朋友，當你想拿放在高處的物品時會怎樣做？在正確做法的 ◯ 中加 ✔。

A. 用掃帚把物品勾下來。　　◯

B. 站到椅子上拿下來。　　◯

C. 請爸爸媽媽幫忙。　　◯

答案：C

安全評分區

小朋友，以下這些都是你應該掌握的生活安全小常識啊！
你做得到的話，請你把 ♡ 填上顏色。然後跟爸爸媽媽說
一說，你獲得多少個 ♡。

不攀爬窗戶。 ♡

不翻越欄杆。 ♡

不趴在露台往樓下看。 ♡

不往窗外扔東西。 ♡

小跳豆幼兒生活安全故事系列
我不爬窗

原著：秋千
改編：新雅編輯室
繪圖：何宙樺
責任編輯：劉紀均
美術設計：鄭雅玲
出版：新雅文化事業有限公司
香港英皇道499號北角工業大廈18樓
電話：(852) 2138 7998
傳真：(852) 2597 4003
網址：http://www.sunya.com.hk
電郵：marketing@sunya.com.hk
發行：香港聯合書刊物流有限公司
香港荃灣德士古道220-248號荃灣工業中心16樓
電話：(852) 2150 2100
傳真：(852) 2407 3062
電郵：info@suplogistics.com.hk
印刷：中華商務彩色印刷有限公司
香港新界大埔汀麗路36號
版次：二○二一年七月初版
二○二二年六月第二次印刷